as formas do êxtase

néstor perlongher

as formas do êxtase

Organização
Samuel Leon

Tradução
Maria Paula Gurgel Ribeiro

ILUMI/URAS

Copyright © 2022 desta edição e tradução
Editora Iluminuras Ltda.

Capa e projeto gráfico
Eder Cardoso / Iluminuras
Sobre foto do autor de *Jorge Schwartz* [modificada digitalmente]

Página 56
Fotografia de Madalena Schwartz/Acervo Instituto Moreira Salles.

Preparação de texto
Jane Pessoa

Revisão
Monika Vibeskaia
Editora Iluminuras

CIP-BRASIL. CATALOGAÇÃO NA PUBLICAÇÃO
SINDICATO NACIONAL DOS EDITORES DE LIVROS, RJ
P529f

   Perlongher, Néstor, 1949-1992
      As formas do êxtase / Néstor Perlongher ; tradução Maria Paula Gurgel Ribeiro. - 1. ed. - São Paulo : Iluminuras, 2022.
     102 p.

   "Textos reunidos"

   ISBN 978-65-5519-176-9

   1. Ensaios argentinos. I. Ribeiro, Maria Paula Gurgel. II. Título.

22-80719   CDD: 868.99324
                    CDU: 82-4(82)

Meri Gleice Rodrigues de Souza - Bibliotecária - CRB-7/6439
21/10/2022 27/10/2022

EDITORA ILUMINURAS LTDA.
Rua Inácio Pereira da Rocha, 389 - 05432-011 - São Paulo - SP - Brasil
Tel./ Fax: 55 11 3031-6161
iluminuras@iluminuras.com.br
www.iluminuras.com.br

Sumário

Escrito com o corpo, 9
Oscar Cesarotto e Samuel Leon

AS FORMAS DO ÊXTASE

Corpo místico, corpo sem órgãos, 19
Substâncias indutoras de êxtase, 29
Visão e alucinação, 35
A religião do Santo Daime, 41

Entrevista

Receber os hinos, mas celebrar o vazio, 57
Edward MacRae

Anexos

Neobarroso: in memoriam, 81
Haroldo de Campos

Soneto 434 a Néstor Perlongher, 83
Glauco Mattoso

Forças Xamânicas, 85
Adrián Cangi

Êxtase, 86
Poética, 87

Réquiem, 93
Haroldo de Campos

Agradecimentos, 99

ESCRITO COM O CORPO

Oscar Cesarotto e Samuel Leon

A verve ímpar do argentino Néstor Perlongher pretendia operar uma subversão do sentido da linguagem, criando o cenário de uma poética abjeta que corroesse o uso trivial da palavra. A empreitada superou todas as expectativas.

Dizer que alguém é produto da sua época pode parecer evidente, embora inescapável. Nos anos 1960, especificamente, "a experiência" dava o tom do ser-no-mundo; embora alguns se poupassem, muitos eram os que ousavam, provando desafios inéditos para revolucionar a própria vida e, de quebra, mudar a sociedade. Foi por isso que Che Guevara, eternizado como uma figura paradigmática, pagou com sua existência a intensidade de um desejo indômito, longe da prudência ou da sensatez dos que nada arriscam e se mantêm distantes, bem cuidados, porém covardes e/ou entediados.

Salvando as diferenças, outro que o destino levou para fora da sua terra, Perlongher, também era afoito e audacioso, tanto no plano pessoal quanto na escrita, fosse ela poética ou engajada. Longe das abstrações e das burocracias, soube ser um intelectual comprometido com as situações do cotidiano, daqueles capazes de refletir no calor do conflito, para teorizar só depois. Sua bagagem contracultural incluía as autocríticas da esquerda após a Revolução Cubana, o espontaneísmo de Maio de 1968, e ainda o hippismo e as vivências estético-vitais daqueles tempos.

Todas estas leituras da realidade indiciavam a política e os políticos no banco dos réus, assim como o papel do artista, a partir do momento em que ficou impossível pensar a prática sem fazer parte da linha de frente, botando o binômio corpo-ideia onde antes se colocava apenas a última. A consequência foi uma passagem à ação direta, atitude jamais isenta de risco.

Como a sua opção sexual nunca foi nem privada nem vergonhosa, apregoou-a, chegando a participar com brio de uma *Frente de Libertação*

Homossexual, inviável na Argentina dos anos de chumbo. Nem direita nem esquerda admitiam semelhante erotização do compromisso político. O segredo vivido atrás das portas, agora nas ruas, contaminava o espaço social. A exposição pública daquela sexualidade "degenerada", inscrita assim na práxis partidária que, ingenuamente, dividia o mundo em bons e maus, era uma bomba de efeito moral sempre prestes a explodir. O discurso bem-pensante ficava esvaziado, quando confrontado com os fluxos desejantes.

Ao mesmo tempo, e desde muito cedo, Perlongher dedicou-se à literatura, sob a forma versificada do desconcerto. Com o passar dos anos, vários livros seus foram publicados, e a fama de poeta lhe trouxe projeção no mundo hispanofalante. O primeiro foi *Áustria-Hungria*, em 1980. Depois viriam *Alambres, Hule, Parque Lezama, Águas Aéreas; Chorreo de las Iluminaciones* e *Lamê* — antologia brasileira com excelente tradução de Josely Vianna Baptista. As duas últimas foram editadas *post-mortem*.

A maior parte de sua obra poética foi escrita no Brasil, exclusivamente em castelhano, e disseminada, de início, em Buenos Aires. O impacto provocado pela sua lírica causou espécie e admiração, ganhando, de imediato, inúmeros admiradores, além de críticas exultantes. Nela, como não poderia deixar de ser, poesia e vida estão fusionadas, numa opção radical de imersão no pantanoso terreno da linguagem.

Contra uma certa intencionalidade discursiva, em que o referente teria por função informar, o gesto de Perlongher pretendia fazer desfazendo, torcendo, retorcendo, e contorcendo as palavras até elas produzirem os efeitos multiplicadores de uma transformação total, tendo como meta o orifício de engate com o próprio sujeito da escrita. De certa maneira, era tributário das propostas do grupo reunido em torno da revista *Literal*, no início dos anos 1970, onde conhecera a Osvaldo Lamborghini e seu original passeio pela temática "gauchesca" — gênero em desuso — de quem, provavelmente, incorporou os anacronismos que deliciavam sua verbigraça.

Assim, habitavam sua poesia inúmeros termos perimidos e obsoletos que, na torção mencionada, funcionam como uma memória destinada a desenferrujar a língua, cada vez mais entregue aos usos triviais da comunicação. Um uso gregário do significante, em que o humor que esses restos de fala coloquial provocam, traz a lembrança de uma sedução já acontecida, agora proliferando como gozosa deriva.

Hoje, três décadas depois, quando as tendências conservadoras se consolidam, e não só na literatura, seu texto parece atual como nunca, devassando ao discurso não por falta, e sim por excesso. Uma exuberância que traz, desde *Áustria-Hungria*, a plena dissolução do sentido comum, obtendo dos seus tropos internos e de sua vazão o cenário metafórico de uma poética desbragada.

Como lógico corolário, foi reconhecido com o Prêmio Boris Vian em 1987, consagração oferecida por seus pares em Buenos Aires. Mais tarde, lhe seria outorgada a cobiçada Bolsa Guggenheim. Todavia, o que dizer sobre seu estilo? Nunca poderia ser esquecida a denominação que seu autor lhe dera, neobarroso. Isto é, tributário do barroco hispano-americano, na herança impoluta do cubano Lezama Lima, mas atualizado, amaciado e miscigenado "*por las aguas lamacientas del Plata, chirles, chulas y cholas*".

O preciosismo literário permitiu que Perlongher misturasse o bairro e o barro, o profano linguajar do dia a dia e suas fruições escusas com as baixarias das altas culturas. Nas escâncaras de um talento arteiro e impagável, gostava de debochar de qualquer parnasianismo com bom gosto e picardia. Produzida em um vernáculo intimista, parecia impraticável, para sua lavra, qualquer tentativa de tradução. Contudo, acabou vertido para o português, primeiro na antologia *Caribe transplatino: Poesia neobarroca cubana e rioplatense* (Editora Iluminuras), que ele organizara em 1991, e mais tarde, em *Lamê*, edição póstuma de homenagem prestada pela Unicamp.

Sim, porque Perlongher, além de versero, era também professor de antropologia na citada universidade. Seu trabalho de conclusão de mestrado, lançado mais tarde com o título de *O negócio do michê* (Editora Brasiliense), dava conta de uma pesquisa de campo na área dos devires urbanos, abordando um território até então nunca explorado de forma sistemática, e menos ainda teorizado: a prostituição viril em São Paulo. Ali, invertendo o paradigma acadêmico de não se entregar a seu objeto de estudo, a investigação tinha como palco seu próprio corpo, na inserção da agudeza das observações *in loco*.

Pouco depois, nos primeiros tempos do flagelo, escreveu um livro de divulgação sobre a Aids, documentado e didático, que resultaria fatalmente profético. Simultaneamente, costumava publicar artigos em jornais e revistas, nacionais e longínquas, sobre os assuntos que lhe concerniam, ou seja, a poesia e as políticas do desejo.

Perto do final da vida, sua curiosidade, sempre mais materialista do que mística, o aproximou de uma seita que cultua um poderoso e santo vegetal para abrir as portas da percepção e trazer nova inspiração. O saldo dessa aventura foi *Águas Aéreas*, culminando seu conluio com as musas. A mesma questão, vista da perspectiva do êxtase, teria sido seu tema de doutoramento, mas a Parca, inapelável, ceifou sua carreira.

Há trinta anos da sua morte, Néstor é lembrado com carinho por aqueles que alguma vez o conheceram lépido, fagueiro e provocador. Enquanto isso, seus leitores latino-americanos, cada vez mais numerosos, acabam descobrindo nos seus livros um tesouro escondido a céu aberto. Se, no país de origem, continua a ser considerado exclusivamente um poeta, por estas bandas, foi como antropólogo que obteve notoriedade. Em paralelo, *Evita vive e outras prosas* (Editora Iluminuras, 2001; segunda edição, 2022), junto com *Lamê*, indicam a presença do autor nas letras brasileiras, permitindo que os leitores do vernáculo também fiquem extasiados com "*o pretíssimo azeviche onde trinam as latrinas, entre vaporosas dobras e borlas em flor, para o desespero fulo de um marinheiro só. Abur*".

AS FORMAS DO ÊXTASE

CORPO MÍSTICO, CORPO SEM ÓRGÃOS

Êxtase: não se contentar em ser o que se é. Êxtase: literalmente, sair de si, deslocar, levar para fora, modificar alguma coisa ou estado de coisas. Também tem o sentido de retirar-se, afastar-se, abandonar, deixar, ceder, renunciar, separar. A palavra "êxtase" indica deslocamento, mudança, desvio, alienação, perturbação, delírio, estupor, excitação provocada por bebidas embriagantes. O campo semântico em geral remete à ideia de disjunção, ou seja, de um corte entre um estado normal e outro estado alterado ou modificado de consciência. O eixo da experiência extática é a saída de si.

Quebrar a barreira do corpo, realizar uma separação, uma saída, uma suspensão do tempo e um esquecimento integral das condições de existência, é a chave do êxtase. É como se o sujeito se cansasse de ser ele mesmo, de estar sempre numa mônada egocêntrica e quisesse ser outro. E consegue, embora seja imaginariamente, através dos procedimentos extáticos. No êxtase, o indivíduo escapa, em certa medida, de suas condições de existência.

Depois da efervescência do movimento psicodélico da década de 1970, pode-se falar de um deslocamento de interesse da sexualidade para as drogas e o êxtase. Vive-se o fim da revolução sexual, ou do que eu chamo de a religião do corpo pessoal, a crença nos limites do corpo. Toda essa exaltação da sexualidade dá lugar a um sair de si, a um abandono do corpo pessoal.

Agora, entre o êxtase e a sexualidade, essas duas experiências aparentemente tão distantes, qual é o nexo? Penso que o vínculo é intensivo; ambas são experiências corporais intensas, e aqui me atreveria a fazer um breve desvio para uma ideia de Gilles Deleuze e Félix Guattari porque são eles que trabalharam mais a questão da intensidade no capítulo "Como criar para si um corpo sem órgãos", em *Mil platôs*, ideia que se encontra também em *O anti-Édipo*, embora menos claramente.

Deleuze e Guattari falam da produção (poder-se-ia falar da feitura, talvez, uma palavra mais espanhola) de um corpo sem órgãos. Essa é uma fórmula poética de Artaud; supõe que além do corpo físico haveria outro corpo, no qual não importa o funcionamento orgânico e sim o funcionamento intensivo. Seria um plano de pura intensidade, um *ovo primário*, o plano zero de uma intensidade que corresponde às vibrações, aos corpúsculos, às ondas, às velocidades, às lentidões.

O corpo sem órgãos é um tipo de sensação que não passa necessariamente pelo orgânico e sim por outro nível que colide, enfrenta, altera a organização do organismo que distribui as funções hierárquicas aos órgãos. Ou seja, que quando a produção de intensidades é muito forte, revoluciona o organismo. Quando percebemos usos "inadequados" do corpo, poderíamos estar diante de uma tentativa de construção de um corpo sem órgãos.

Embora Deleuze e Guattari não desenvolvam o tema do êxtase, eles dão vários exemplos ou modalidades de produção desse corpo. Uma modalidade seria o corpo hipocondríaco, o corpo que sofre; outra seria o corpo masoquista, no qual os órgãos são usados para finalidades diferentes das que se supõem normais. Esses autores dizem: o interesse do masoquista não é exatamente o prazer nem a dor, mas chegar a um grau de intensidade, de vibração, que, nesse caso, passa pelo que eles denominam ondas dolorosas. Outro caso seria o corpo esquizofrênico. E o corpo drogado, que eles denominam um esquizofrênico experimentado: também ali haveria um uso diferente do corpo. A experiência pode ser vista pelas velocidades, porque nos estados modificados de consciência costuma haver uma sensação de lentificação ou aceleração. Há certas substâncias que aceleram a vivência; o sujeito não sai correndo, mas acelera uma maneira de vivenciar as coisas. Outras substâncias podem chegar ao contrário, a desacelerar, a lentificar a vivência.

O processo de construção de um corpo sem órgãos é muito perigoso e exige o máximo de prudência, porque pode haver erros na experimentação e a intensidade poderia se voltar contra os próprios órgãos. No caso das drogas pesadas, por exemplo, os órgãos se vitrificam, tornam-se vidrados. É uma imagem poética; tudo isso não está situado exatamente no plano científico, mas a meio caminho entre o poético e o filosófico.

A associação entre corpo sem órgãos e corpo místico não está em Deleuze e Guattari, não faz parte do elenco de suas preocupações; mas em ambos os corpos podemos observar um desafio à organização do organismo. No caso da experiência mística, também se cria um corpo diferente, um outro corpo, um plano de intensidades. O importante é que o êxtase é uma experiência corporal. Ou seja, que a sensação de elevação celeste não é apenas abstrata, ideológica, teórica — digamos, não é só o dogma, apesar de o dogma estar presente e tenhamos que ver como a experiência se relaciona com a doutrina —, e sim que é centralmente uma experiência que afeta a corporalidade.

Por exemplo, Santa Teresa: ela levita, altera, subverte a organização clássica do organismo, porque não fomos feitos para andar ou flutuar a um metro do chão. Aqui estamos no limite entre o social e o biológico. Não é que a produção de intensidades ou a experiência intensiva se façam contra os órgãos, mas sim contra a organização e a hierarquia do organismo que distribui funções aos órgãos. A Santa Teresa de Bernini aparece tensionada, extremada, como se estivesse por zarpar a qualquer momento. Eu quero que isso se destaque, porque vai nos levar a uma visão diferente de todo o fenômeno religioso. Para a Igreja católica o êxtase é marginal; não é que o rechace, mas não gosta dele. De alguma maneira, a Igreja tem que reconhecer que na base de todo o fenômeno religioso há uma experiência extática, uma flutuação, uma suspensão; mas a partir do processo de secularização do século XIX se vê claramente que já não há lugar para esse tipo de experiências dentro do catolicismo. Ainda na época de Santa Teresa ou de São João o êxtase era muito problemático, porque sempre se suspeitava de um conteúdo diabólico nessas visões. Trata-se de voltar a focalizar essas experiências que ficaram marginalizadas e reciclar esses fenômenos de exaltação mística. Agora está bastante propagado o misticismo hinduísta. Para nossa formação cultural, a experiência dos místicos espanhóis do Século de Ouro é mais próxima ou temos um pouco mais de familiaridade com ela.

Em Santa Teresa, o êxtase passa pelo aniquilamento — é uma palavra forte — da consciência pessoal, pela suspensão da atividade sensorial e motriz. Ao mesmo tempo, aparece — como um estado positivo — a sensação da presença de Cristo. O eu se aniquila para dar lugar à sensação de uma presença de outro que é ou pode ser Cristo, um anjo... varia. Há algo de sobre-humano nesse tipo de experiências. Santa Teresa, como um dos casos mais extremos, reúne duas virtudes: primeiro, a de ser sensível a um tipo de estados absolutamente extraordinários; segundo, a de ser uma mulher muito sábia, lúcida e material, talvez materialista. Ela escreve, tem uma vida muito empreendedora, debate com os grandes de sua época. Às vezes pode haver pessoas com experiências místicas, mas sem esse grau de lucidez, que não sabem dizer nada sobre sua experiência.

O misticismo para Santa Teresa não é um estado único e sim um encadeamento, uma sucessão de estados diferentes, uma série de transformações corporais. O primeiro estado se chama *quietude*. Tem a ver com a oração e a conservação do exercício dos sentidos e da potência. Continua a atividade sensorial e motriz, mas há um ligeiro torpor, um recolhimento involuntário, como uma iluminação da inteligência; um estado leve e sereno. Depois vem o que Santa Teresa chama de *união*. Seria como uma experiência de transe. Aqui há um maior entorpecimento dos sentidos. O estado afetivo é mais intenso e tem a ver com a alegria — no sentido de gozo — e o abandono de si. Depois vem o *êxtase*, onde já há modificações importantes das funções orgânicas: uma supressão ou diminuição considerável da motricidade, da atividade sensorial ou mental. É um estado afetivo de gozo profundo. A consciência da presença divina ocupa a inteligência. A consciência de si pode desaparecer, ou tem a tendência a desaparecer. Outro estado é o *arrebatamento*, que se diferencia do êxtase porque é brusco, repentino e muito intenso: é um rapto violento irresistível acompanhado de profundas modificações orgânicas e que pode começar por um sentimento de espanto, de ser joguete de uma força superior. Por exemplo, Santa Teresa sentia que seus ossos estavam se reduzindo a pó. Ela conta: meus ossos se tornaram pó, meu coração deixou de funcionar. Não há prova médica de que isso esteja acontecendo exatamente, mas é o que ela conta que sentia nesses estados violentos. Esse estado de ser tomada por uma força superior irresistível é sucedido por outro, de catalepsia no arrebatamento: um estado *catatônico*. Depois se passa para uma etapa onde o que Santa Teresa sente é a *pena extática*, que é um êxtase melancólico e sofredor, doloroso, negativo, mas, ao mesmo tempo, delicioso. Aparece uma anestesia sensorial. Por que esse êxtase é tão penoso? Porque não se dá uma integração com o divino, há somente um choque entre o próprio eu e essa presença sentida. E, finalmente, Santa Teresa chega a uma consciência da união e dos obstáculos ou da dificuldade para a união. Chega ao que se chama matrimônio espiritual, onde se dá uma combinação entre a consciência de si e do mundo com a presença da divindade. A isso o chama de estado *teopático*: um sentimento de simpatia com o divino, no qual a divindade já tomou o controle de toda sua vida. Então já não há mais êxtase nem arrebatamento; é um estado mais tranquilo. Santa Teresa vai de morada em morada, e esse estado corresponderia à sétima, a última morada.

Quanto às visões imaginárias: Santa Teresa vê, tem imagens, por isso as chama de imaginárias. Uma delas é a transverberação, que é ou deve ser a culminação desse tipo de visões, onde Santa Teresa é atravessada por dardos ígneos, de fogo, atirados por um anjo. Uma experiência interessantíssima, de dor sublime ou do gozo de uma dor sublime. Muitos dos elementos que estamos vendo se relacionam com o erótico. Inclusive essa combinação dor-gozo, que tem um lado erótico bastante claro, remete a outro plano de intensidade, em que ao mesmo tempo há uma dor suprema e um gozo espiritual.

Santa Teresa diz assim:

Quis o Senhor que eu tivesse algumas vezes esta visão: via um anjo perto de mim, do lado esquerdo, em forma corporal [...]. Essa visão quis o Senhor que a visse assim: não era grande e sim pequeno, muito lindo; o rosto tão corado que parecia dos anjos muito elevados que se abraçam; deve ser os chamados querubins. Vi que trazia nas mãos um dardo de ouro comprido, e ao fim do ferro me parecia ter um pouco de fogo. Tinha a impressão de que ele me perfurava o coração algumas vezes, chegando até as entranhas. Ao tirá-lo, parecia que as levava consigo e me deixava toda abrasada em um imenso amor de Deus. Era tão grande a dor que eu soltava gemidos, e tão excessiva a suavidade que me consumia essa grandíssima dor que desejava que não tivesse fim, nem se contentava a alma senão com a presença de Deus. Não é dor corporal e sim espiritual, embora não deixe de participar o corpo em algo, e inclusive muito.

SUBSTÂNCIAS INDUTORAS
DE ÊXTASE

O místico não necessariamente faz uso de substâncias indutoras. Mas poderíamos discutir em que medida hoje, numa sociedade dessacralizada como a nossa, o consumo de substâncias denominadas drogas — uma categorização médica suspeita por ser ampla demais — é uma tentativa frequentemente — mas não necessariamente — cega, desesperada e malconduzida de deixar aquilo que se é no circuito da vida convencional. E em que medida, nessa experiência contemporânea de certa maneira desviada ou voltada contra si mesma, enredada, haveria uma demanda de êxtase. Em geral a questão não se coloca nesses termos, e se fosse colocada assim talvez se entenderia melhor o que é que leva as pessoas a buscarem essas experiências limítrofes.

A continuidade entre drogas e êxtase não é uma ideia nova. Nietzsche sugere a presença de substâncias narcóticas nos mistérios dionisíacos da antiga Grécia. Em um plano poético — porque a essa altura não se pode demonstrar nada —, essas substâncias estariam presentes no que os gregos denominavam "entusiasmo", uma espécie de frenesi que podia fazer com que as regras normais fossem desafiadas. Os mistérios estavam ligados especificamente ao esporão-do-centeio, um fungo que em sua composição se relaciona com o ácido lisérgico. Essa é uma teoria baseada em algumas ilustrações da época, na literatura, também no poder que era atribuído ao vinho, esse vinho absolutamente embriagante e enlouquecedor, já que os gregos tomavam um copo e rodopiavam; não podia ser, tinha que haver outra coisa.

Mediante o uso de substâncias se chega a estados modificados de consciência, uma denominação problemática (alguns os denominam estados de consciência não ordinária, estados alterados). Não há uma unificação e isso é complicado porque de algum modo legitima uma normalidade. Talvez a palavra espanhola "*alternos*", que alude às alternativas, fosse a melhor denominação.

Essas experiências desafiam a organização normal do organismo. O estado *alterno* ou modificado de consciência se caracteriza por uma mudança qualitativa da consciência ordinária, da percepção do espaço e do tempo, da imagem do corpo e da identidade pessoal. A modificação supõe uma ruptura produzida por uma indução, ao término da qual o sujeito não sabe onde está. Muda a imagem do corpo; a experiência de sair do próprio corpo é bastante comum, o sujeito percebe a si mesmo do lado de fora. A tese dominante sustenta que se trata de uma sensação psicológica; na realidade, o sujeito, visto por um terceiro, permanece deitado ou semi-inconsciente. Mas o sujeito vê a si mesmo de fora, dando-se conta de uma mudança na percepção da imagem corporal.

Outra experiência desse tipo acontece com os anestésicos. É muito frequente que aqueles que chegam à beira da morte, ou que morrem clinicamente e depois revivem, relatem que se escutam do outro lugar e veem a si mesmos de fora, num desfile muito rápido de filmes com cenas-chave da própria vida. São estados talvez mais comuns do que se pensa, mas carecemos de um critério para reconhecê-los ou lhes dar transcendência. Não os identificamos. Isso revela quão importante é a intervenção da cultura: um determinado ambiente cultural pode fazer com que a pessoa viva em transe e não se dê conta, nem ela nem os que a rodeiam, ou que se dê outro tipo de explicação à sua experiência. Há experimentos que mostram que alguns fumantes de maconha precisariam de uma intervenção no ambiente para perceber seu próprio estado. Existe uma indução psicotrópica (o fato de fumar) e uma aprendizagem interativa que desenvolve todo um saber em relação aos efeitos da substância, um saber sem o qual os efeitos podem não ser percebidos, e isso equivale praticamente a que os efeitos não existam.

Ou seja: o transe teria dois componentes, um psicofisiológico e outro cultural. Por causa do primeiro, seria universal, porque corresponde a uma disposição psicofisiológica inata da natureza humana. Agora, para tornar-se efetivo, o transe supõe uma intervenção da sociedade e da cultura; não é um processo automático. A capacidade ou potencialidade existe, mas para que ela se realize, deve haver uma intervenção cultural, um ritual.

As substâncias modificadoras de consciência são chamadas de alucinógenos ou enteógenos. A palavra "enteógeno" quer dizer "deus dentro de nós", mas alucinógeno é mais comum. Trata-se de uma prática muito antiga, sobretudo entre os indígenas americanos. Curiosamente, o continente americano é mais abundante em plantas de poder que o velho continente. Claro que seria preciso diferenciar entre os psicodélicos e as drogas mais pesadas que levam a uma experiência que eu chamaria de êxtase descendente. Tem a ver com uma experiência social geral, porque não se pode dizer que para uma pessoa tal substância produz uma coisa e, para outra, produz outra. O uso é sempre coletivo, está relacionado com uma rede, com uma compreensão. Dá-se uma combinação entre o efeito da substância, o contexto social onde ocorre o fenômeno e a *forma* da experiência — não quero dizer a ideologia, mas algo assim; os místicos dizem *a doutrina*.

Estamos falando da diferença de um uso ritualizado da droga e outro não ritualizado. Para alguns antropólogos e escritores, por exemplo William S. Burroughs, que descobriram há bastante tempo a ayahuasca, a experiência foi terrível. Eles a tomaram como uma pura experimentação corporal, sem ter relação com o ritual que havia entre os índios; e passaram muito mal com essa substância que é tão forte. Estou mencionando isso para que se entenda a diferença entre uma experimentação selvagem e uma experimentação ritualizada. Nos rituais há músicas, cantos e um conteúdo na experiência que geralmente leva às alturas; o sujeito pode passar pelas fases mais violentas ou desagradáveis da substância porque tem, digamos, onde se agarrar. Enquanto na experiência puramente selvagem, aí depende muito de cada um, do que acontecer nesse momento.

A noção de ritualização é delicada, porque mesmo na experiência mais selvagem sempre há certo grau mínimo de ritualização; mas seria preciso ver se esse ritual é eficaz ou não. Por exemplo, no caso da droga injetável, há um rito quando as pessoas se juntam, fazem uma roda. Mas seria preciso determinar o que acontece num contexto social que diz que o que estão fazendo é ruim. Há um lado da experiência da droga que seria algo assim como uma experiência do mal. Agora estou me aventurando um pouco, mas pensaria que, na medida em que esse tipo de viagem é desconsiderado, deslegitimado, marginalizado, perseguido, o sujeito, em vez de considerar seu desejo de êxtase como algo positivo, legítimo, o considera como inerentemente malvado e então age de acordo com isso. Como não pode ir para cima, digamos, se afunda.

VISÃO E ALUCINAÇÃO

Para ir resumindo um pouco: o uso de substâncias psicoativas pode induzir a uma modificação do estado de consciência, mas não determina os conteúdos desse estado. Não há nenhuma determinação da experiência a partir das substâncias. Por isso se fala de uma diferença entre visão e alucinação. Como base, tem que haver um estado modificado de consciência de tipo alucinatório que, sim, pode ser induzido por substâncias psicoativas. O sujeito pode ficar só nesse nível alucinatório, sem passar para o nível da visão. No nível alucinatório, o conteúdo e as formas são estritamente individuais e não servem de suporte a nenhuma mensagem. Só expressam um desejo narcisista e incomunicável. A visão tem pelo menos um suporte grupal, geralmente sagrado. Enquanto a alucinação é um fenômeno puramente individual e intransmissível.

Um exemplo da diferença entre visão e alucinação, que implica uma dissimilitude na qualidade da experiência, está no uso tradicional e ritualizado do peiote feito por índios norte-americanos. Há mais ou menos um século, constituiu-se uma religião, a Igreja Nativa Americana (NAC, na sigla em inglês), em torno do uso do peiote como sacramento. É um fenômeno muito interessante porque mantém uma formação religiosa sincrética que reúne muitos elementos do cristianismo. O consumo dessa substância tem antecedentes tradicionais, mas aqui se trata de uma prática nova, que foi se estendendo a diferentes tribos para formar uma religião de base indígena — no sentido demográfico —, embora com muitos elementos cristãos provenientes dos colonizadores. É parecido com outro culto que existe entre os índios do México, a partir de uma sacerdotisa chamada María Sabina, que também misturava elementos indígenas e cristãos. Algo muito comum em toda a América: a recuperação de práticas autóctones de uso de plantas de poder misturada com uma doutrina sui generis com fortes elementos ocidentais — porque tampouco é um cristianismo puro.

O importante é que a mesma substância dada a brancos experimentalmente, em laboratório, produz uma grande instabilidade de humor — um humor que oscila entre a euforia e a depressão — e condutas desinibidas de ruptura com as regras sociais, sem superar o nível puramente alucinatório da experiência. Os índios, por outro lado, no contexto do ritual tradicional, tinham sentimentos de tipo extático, continuavam respeitando suas regras de vida social e reafirmavam sua fé religiosa a partir dos conteúdos de sua visão. Ou seja, não ficavam apenas num plano alucinatório pessoal: o que viam lhes servia para reafirmar suas crenças numa relação comunitária. Isso pode levar a um equívoco: não quer dizer que todos tivessem a mesma visão. A experiência continua sendo subjetiva e muito criativa. Todos esses cultos costumam se caracterizar por serem muito elásticos, muito ecléticos, vão se movendo, de alguma maneira, ao ritmo das visões e vão incorporando aquilo que veem. O que têm em comum é um tipo de código, que nesse caso seria doutrinário, que lhes permite decodificar ou intercambiar suas experiências.

Ou seja: essas experiências exigem uma doutrina, e pode ser que esta seja autoritária. É preciso reconhecer que o campo do sagrado não costuma ser muito democrático: depende de um poder que não surge de uma escolha individual, é um poder que vem de outro lugar. No entanto, esse poder não está imposto repressivamente nem surge da experiência dos integrantes do grupo. A partir da experiência, vão se reconhecendo graus de poder e de saber. As regras do ritual são escolhidas porque, seguindo-as, o ritual acaba sendo mais efetivo. Por exemplo, se vocês ficarem quietos e em silêncio, vai facilitar a experiência. Se se mexerem ou se sentarem de determinada maneira, vai facilitar sua passagem para um estado modificado de consciência. E como as regras resultam eficientes, acabam sendo aceitas. A outra face consiste em que tudo pode acabar sendo uma formação autoritária; sempre se está transitando esse limite.

Isso pode parecer um pouco chocante para nossas ideias sobre a transgressão. Mas é assim: no caso de um uso ritual, a ordem social é afirmada, enquanto no uso não ritualizado ocidental — ou ritualizado de maneira ineficaz, com uma ritualização que não chega a dar a possibilidade de decodificar coletivamente a visão —, gera uma fuga em relação à ordem. É preciso levar em conta que o conceito de real é diferente nos grupos que fazem um uso ritualizado dessas substâncias. O conceito de real inclusive se esvazia no estado modificado de consciência. No mundo ocidental, por outro lado, o estado modificado é desvio, erro, loucura. Por isso o êxtase tende a ser visto como uma transgressão do estabelecido.

Os sacerdotes do ácido lisérgico também recomendavam uma programação da viagem, em oposição a uma experimentação selvagem. E isso ocorria já nas épocas de furor do LSD embora, na realidade, nunca tenha passado de ser uma expressão de desejos. O fato de que a substância tenha sido rapidamente proibida impediu de se continuar a experimentação em nível científico, e de fato acabou favorecendo a experimentação selvagem, com a passagem a drogas mais pesadas e o uso simultâneo de substâncias diferentes.

De todas as maneiras, a grande dificuldade de toda a experiência psicodélica é que é fortemente individualista. É parte de uma religião do corpo pessoal, enquanto as experiências rituais indígenas são fortemente coletivistas. Os estados modificados de consciência são antigocêntricos, por assim dizer; o coletivismo combina bem com eles, enquanto o hiperindividualismo ocidental não favorece um uso ritualizado. Por isso acredito que as causas da derrota do psicodelismo não se devem a fatores externos; não se trata de que tenha sido derrotado militarmente, embora seja verdade que não foi reconhecido pelas leis dos Estados Unidos e, nas memórias de Timothy Leary, o cientista que inventou e lançou a revolução psicodélica, notamos que ele sofreu uma perseguição terrível. Mas há elementos internos ao psicodelismo que fizeram com que não se tenha chegado ao grau de ritualização que o próprio Leary propôs em certo momento. Queriam inventar uma nova religião, mas isso não funcionou. Lembro do caso de uma adepta que se proclamava deusa neomarxista, e aparecia nua em uma moto; com esse tipo de situações era impossível levar algo a sério, porque a coisa ia para qualquer lado muito rapidamente.

O que chama a atenção é a similitude ou a proximidade entre estados místicos e estados de consciência produzidos a partir de alucinógenos. O caso de William James, bastante conhecido, é muito interessante. Ele usava uma substância que seria uma espécie de éter, óxido nitroso, para conseguir estados parecidos aos dos místicos. Outras vias podem ser a meditação, a oração, o sofrimento, a concentração. Também as experimentações médicas, como as que fazia um psicanalista chamado David Fontana. São métodos talvez mais longos, mas também mais sólidos e eficazes. Porque a via da droga se encontra com o perigo da dispersão e com o perigo da experimentação selvagem em geral, sobretudo quando é de massas e está somada à situação de guerra contra as drogas.

A RELIGIÃO DO SANTO DAIME

Para falar do culto do Santo Daime, gostaria de começar lendo um pequeno fragmento que tenta passar a sensação da experiência de uma maneira impressionista. Diz assim:

> Vibração da luz, por momentos parece que as lamparinas do templo estavam a ponto de estourar; explosão multiforme de cores, cenestesia da música que tudo impregna em fluxos de partícula iridescentes, que formigam traçando arcos de forte resplendor no volume vaporoso do ar, um ar espesso, como cristal deliquescente. A acre regurgitação do líquido sagrado nas vísceras — pesadas, graves, quase grávidas — num instante transforma a dor em gozo, em êxtase de gozo que se sente como uma película de brilho incandescente cravada na membrana dos órgãos ou na aura da alma, purpurina cintilante ungindo, à maneira de um celofane untuoso, o corpo febril de emoção.

Quero destacar aqui a experiência de uma confusão dos sentidos. É como ouvir com a vista ou ver com os ouvidos. E parte integrante dessa experiência é também a conversão da dor em gozo: há uma espécie de sofrimento físico que em algum momento se transforma em seu contrário.

A ayahuasca é um líquido feito a partir da maceração de um tipo de cipó amazônico, que é o *yaguve*, e de uma folha que se chama *chacrona*, no Brasil. É uma bebida de preparação complicada, passa-se muito tempo macerando, fervendo, e é muito amarga, muito acre, e tem a capacidade de produzir visões e sensações. Seu nome, de origem inca, quer dizer "vinho das almas" ou "vinho dos mortos". Ou seja, supõe-se que se invocam os mortos ao influxo da bebida. Há uma discussão sobre se os incas a conheceram ou não, porque na arqueologia aparecem vasilhas incaicas que eram usadas para tomar ayahuasca, que existe desde épocas imemoriais em toda a bacia da Amazônia Ocidental, nos territórios que hoje são do Brasil, da Bolívia, do Peru, do Equador e da Colômbia. Nos cultos indígenas, se pensa que a planta mágica libera a alma do corpo; a alma pode, então, errar livremente, sem travas, e retomar sua envoltura carnal quando assim o desejar. É uma maneira de se liberar do real cotidiano: a planta emancipa a alma da submissão ao cotidiano e a introduz nos reinos maravilhosos que são considerados a única realidade.

No Brasil, verifica-se um processo de expansão do consumo de ayahuasca, primeiro nas áreas rurais e suburbanas de população mestiça — por exemplo, toda a zona de Iquitos —, e depois nas grandes cidades brasileiras. Essa passagem para as cidades se realiza a partir de duas formações religiosas: o Santo Daime e a União do Vegetal. As duas provêm de um encontro de massas de camponeses com feiticeiros indígenas que serviam a bebida com fins de cura mágica. A história desse encontro é muito interessante, porque desde o início do século XX existe um processo de migração relacionado com a borracha, em que massas do Nordeste brasileiro migram especialmente para o estado do Acre. Essas massas vêm com uma religiosidade popular, o culto dos santos, uma espécie de politeísmo com elementos cristãos. Esses migrantes chegam ao Amazonas e em seu encontro com os indígenas descobrem o uso da ayahuasca. E a partir daí são inventadas aquelas duas religiões. No caso do Santo Daime, o encontro se realiza no Acre, um triângulo que existe entre o Peru, a Bolívia e o Brasil, e no caso da União Vegetal, em Rondônia, que está mais ao sul, colado à fronteira com a Bolívia.

Há um relato fundante, que supõe que um desses migrantes nordestinos, Raimundo Irineu Serra (conhecido como mestre Irineu, um negro muito alto), tomou a bebida com um índio peruano, por razões de cura mágica, e recebeu uma anunciação da Rainha da Floresta, que lhe mostrou a nova religião. Irineu passou por um tipo de visão na qual ele se viu agarrado e descarnado por vários feiticeiros (essa estetização é muito comum em todos os processos xamânicos; a pessoa tem que passar por um processo parecido com a morte e depois renascer) e acabou fundando uma comunidade nos arredores de Rio Branco, que é a capital do estado do Acre. Os primeiros integrantes da comunidade eram basicamente seringueiros. Aqueles que trabalham com a borracha não são exatamente operários, e sim autônomos: cada um faz seu próprio trabalho. Numa situação de desterritorialização, de migração para uma região desconhecida para eles, a comunidade se reúne; é uma maneira de se agrupar e de se defender.

Há uma ruptura quando esse mestre Irineu morre; a religião carece de mecanismos sucessórios, tudo se resolve por lutas de poder. Um setor dirigido por outra personalidade, chamado padrinho Sebastião, funda uma nova comunidade que se chamará Colônia Cinco Mil (por causa dos lotes; na realidade, eram lotes que valiam cinco mil cruzeiros). Aí se produz um processo muito interessante, porque começam a chegar os hippies (brasileiros, argentinos, de outros lugares também) e aparece toda uma reivindicação da tradição comunitária da década de 1960, uma espécie de comunitarismo, onde não há propriedade, não há dinheiro: toda uma série de valores que se parecem muito com os do retorno à terra do hippismo. Então essa religião, que naquele momento era um fenômeno puramente local, entra num processo de expansão urbana. Isso diferencia esse culto de outros grupos que também tomam a mesma bebida e têm um conteúdo religioso e uma forma ritual, mas são absolutamente locais, pequenos. O Santo Daime, por outro lado, passa a se organizar como uma religião, eu não diria de massas, mas com um projeto fortemente expansivo. Não é uma religião popular porque é uma experiência muito forte e exigente, no sentido de que se supõe que tem que haver uma entrega do adepto ao culto; então criam-se dificuldades de coexistência com a vida urbana.

O ritual geralmente se inicia a uma hora determinada, por volta das quatro da manhã. As pessoas não podem falar, têm que se limitar a dançar e cantar aquilo que está predeterminado; não há comentários nem conversas. Depois, supõe-se — como ideal, pelo menos — que uma impassibilidade absoluta será mantida. Quer dizer que não haverá nenhum tipo de expressão estranha, conturbada, e sim um clima muito incaico, andino, de impassibilidade. Ajudam-se aqueles que passam mal, porque isso é algo que pode acontecer, não é nada infrequente; existem os chamados "fiscais", que ao mesmo tempo controlam, cuidam e protegem. Alguém dirige a cerimônia, e um de seus nomes — porque se mantém uma terminologia militar — é "o comandante".

Então: toma-se a bebida, canta-se e se dança a noite inteira; doze ou catorze horas dançando, e as pessoas continuam ativas como se tivessem recém-começado. A ayahuasca tem algo energizante, no sentido de que permite permanecer durante horas sem dormir e em movimento. E a ingestão da bebida é bastante grande. Na comunidade central, que fica no meio da floresta amazônica, fazem esse tipo de cerimônia duas ou três vezes por semana. As pessoas vivem como que num estado permanente de viagem; tomam um dia e no seguinte têm uma inspiração e decidem tomar de novo. Alguns camponeses são analfabetos, mas memorizam umas coisas infinitas e têm conversas muito interessantes; parecem camponeses gregos, seus assuntos têm a ver com os signos e os elementos cósmicos: a natureza, a lua, as estrelas. Um dos signos-chave enumera: a terra, o céu e o mar. Há um elemento panteísta, de adoração muito forte da natureza.

Toda a experiência é coletiva, aponta para uma dissolução do eu. O que se está buscando é isto: o êxtase, a saída de si. Perde-se a individualidade, e é como se de repente tudo pudesse se contagiar. E o contrário também é verdade, os momentos de placidez, de alegria, de luminosidade. É como se tudo se acendesse. Parece que a luz vai explodir, que os corpos irradiam luz. Isso também faz parte da experiência xamânica, tal como conta Mircea Eliade. Do ponto de vista médico tradicional, tudo isso é o que se chama de alucinação, porque se vê uma imagem que se parece com um sonho. Mas a diferença é que existe uma simultaneidade com o que está acontecendo; o sujeito ao mesmo tempo vê a visão, mas não perde a consciência: sabe o que está fazendo, onde está parado, não tropeça enquanto todos estão dançando numa dança rítmica que vai de um lado para outro, não bate em quem está ao seu lado, não cai. O sujeito está em dois lugares: vendo uma coisa e vivendo outra ao mesmo tempo.

Agora, como são essas visões? É difícil estabelecer uma ordem da experiência, porque são muito inefáveis, subjetivas, e as pessoas não falam muito delas, é difícil. Pode-se estabelecer algum tipo de gradação hipotética. Aparecem pontos, visões de lagos, porém mais formas geométricas. Por exemplo, auras. Se a experiência continua, podem surgir visões mais figurativas. Por exemplo, entidades africanas, que são reconhecíveis porque têm toda uma iconografia; no Brasil, faz parte da cultura popular diferenciar uma entidade ou um santo de outro. Alguns chegam a contar viagens; por exemplo, que vão numa espécie de disco voador percorrendo lugares e chegam ao que se supõe que seja o máximo da experiência, o Palácio de Juramidam, onde vivem as entidades, que os índios chamam de "os primores", que são as visões belas.

Também há dor. Como a bebida é fortemente irritante para o estômago, recomenda-se não beber álcool, não comer carne nem nada pesado três dias antes. E não comer nada durante as doze horas prévias. Também recomendam não ter relações sexuais durante três dias; supõe-se que haveria um desperdício de energia. Isso também tem a ver com um ascetismo bastante forte; apesar de ocorrerem casos de poligamia, porque na Amazônia brasileira não é pouco comum que haja um homem com duas mulheres, a religião do Santo Daime é ascética. E parece que todas essas formações místicas trabalharam com uma energia parecida ou análoga à energia que vai para a sexualidade. Supõe-se que uma subtrai força à outra.

A experiência do êxtase vai mais além da experiência da sexualidade. Ou seja, é mais intensa.

Bataille dizia que era uma forma de saída da mônada individual. Haveria uma continuidade essencial entre os seres, uma continuidade que a individualização própria da civilização rompe, e assim cada um ficaria isolado numa mônada individual. Uma maneira de restaurar a continuidade seria o erotismo dos corpos tal como se resolve na orgia, onde se rompem os limites do eu, misturam-se uns com os outros; um erotismo frágil, segundo Bataille, porque a ruptura da mônada individualizante não é firme, o egoísmo se restaura rapidamente. Outra maneira é o erotismo dos corações, um caminho sentimental, que tem relação com o enamoramento; aqui a ruptura é um pouco mais sólida. E outra seria o sagrado, onde a saída de si se produz com o sentimento de união cósmica, de harmonia com as coisas, que é um dos sentimentos que acompanham o êxtase.

O interessante do Santo Daime, que é uma religião ascética, diríamos antissexual, é que muitas das pessoas que passaram por toda a experiência da liberação sexual acabaram entrando para essa religião. O eixo, o sentido da liberação muda; supõem-se que se há liberação, esta não seja sexual.

Os participantes se definem como ecléticos, num ecletismo considerado evolutivo, porque se supõe que há uma evolução que os leva cada vez mais alto. É uma doutrina musical. Isso lhe dá um elemento de estetização, porque o critério dos signos é poético. Os cantos são, geralmente, rimados. Sempre há um elemento de beleza, que também se dá no candomblé, na religião africana, embora este seja um culto mais cruel.

Os hinos místicos funcionam como explicação e guia da experiência. São inspirados, ou seja, recebidos em momentos de inspiração relacionados com a bebida; depois são anotados em caderninhos e as pessoas vão lendo e cantando. A base desses hinos tem elementos cristãos, insiste-se muito na humilhação, no perdão, na abnegação; em seguida, como a religião foi se expandindo, entraram elementos budistas, africanos, indígenas. Mas sempre mantêm um elemento de base, que é de forte influência cristã, ainda que, do ponto de vista católico, isso seja uma heresia. O mais difícil de entender é a relação de simultaneidade entre um santo católico e uma divindade de origem africana. Não é que uma esconda a outra, e sim que as duas são a mesma coisa. A Virgem Maria é ao mesmo tempo a Rainha da Floresta. Também há a invocação de Jesus, dos três santos adorados nas festas juninas ou no mês de junho no Brasil

— São João, São Pedro, São José. Mas a divindade máxima é Juramidam, divindade da floresta que é absolutamente indígena.

Nos cantos, os elementos vão se combinando numa espécie de Olimpo proliferante no qual vão se incrustando as divindades católicas, os santos, as divindades da umbanda. Por que se aceitam todos os cultos, sejam africanos, indígenas, budistas? Porque se supõe que as divindades serão vistas. Não é tanto uma questão de dogma como uma questão de visão.

Penso que todos os elementos religiosos estão aí para fazer frente a um lado aterrorizante que a experiência pode ter, porque em alguns usos indígenas se dão visões de terror. Por exemplo, a aparição de serpentes que vão se enredando no sujeito. Também há outras visões de animais ferozes ou sensações de transformação da consciência.

Essas vivências se situam muito próximas a uma experiência mística do mundo. Assim se restauraria o vínculo com o que Durkheim chama de "as formas elementares da vida religiosa". Durkheim fala de um começo efervescente, extático, da religião. Nas origens xamânicas da religião estaria o uso de plantas de poder. Esse uso não é o único meio de induzir a entrada a um estado modificado de consciência; nem sequer se pode afirmar que seja o método mais frequentemente usado. Mas primeiro viria esse tipo de experiências e depois a instituição religiosa se apropria e faz com que os inícios sejam esquecidos.

O xamanismo, com suas plantas de poder, é particularmente plástico porque não tem nada de dogmático: apresenta-se como um sistema em perpétua adaptação com a realidade vivida. Por exemplo, pode-se dar uma combinação entre práticas xamânicas e um corpus religioso fortemente impregnado de catolicismo. Mas a forma religiosa do xamanismo não é tão clara nas instituições religiosas às quais se está acostumado porque a experiência do xamã é sempre individual. O xamã é como o louco, o estranho do grupo, aquele que é dotado de algum poder diferente, o que é diferente dos outros, porque lhe foi revelado algo e os demais o reconhecem. Xamã é aquele que vai rumo à divindade, aquele que empreende um voo da alma; aparentemente está deitado, catatônico, completamente paralisado, mas sua alma está voando, vendo outras coisas. E quando volta, conta o que viu ou faz curas ou realiza diversos procedimentos mágicos. Mesmo quando tudo seja baseado em mitos ou doutrinas, ele também pode chegar a ver ou encontrar outra coisa em sua viagem; então o xamã dirá para a comunidade que houve uma mudança, que ele viu outra coisa. O êxtase do xamã é sempre produtivo.

Como conclusão provisória: o uso de substâncias psicoativas pode induzir um estado modificado de consciência, mas não determina o caráter nem a qualidade da experiência. No entanto, esses fenômenos podem ser produtivos. Ou pelo menos seria preciso ver o que esses fenômenos têm de imanente, de positivo em si mesmos, e perceber, como um modo de se aproximar deles, sua positividade.

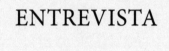

RECEBER OS HINOS, MAS CELEBRAR O VAZIO[1]

Edward MacRae

Sou um velho amigo de Néstor e tive a oportunidade de acompanhar seus últimos meses, visitá-lo quase todos os dias. Nossa amizade começou durante a formação do Grupo Somos de Afirmação Homossexual e quem nos apresentou foi João Silvério Trevisan. Muitos anos depois, eu o introduzi na religião do Santo Daime, da qual se tornou adepto durante algum tempo, chegando até a fazer uma viagem ao coração da floresta amazônica para conhecer a sede da organização na Vila Céu do Mapiá, estado do Amazonas. Durante esse tempo em que foi "daimista", Néstor "recebeu" vários "hinos". Esse é um processo análogo à psicografia ou à inspiração divina, em que alguém recebe uma música, para ser cantada sob o efeito da ayahuasca. Foi também nessa época que ele escreveu *Águas aéreas*, sob influência daimista, e concebeu seu

---

[1] Publicada originalmente em Néstor Pelongher, *Papeles insumisos*. Org. de Adrián Cangi e Reynaldo Jiménez. Buenos Aires: Santiago Arcos, 2004.

último e inacabado projeto de um auto religioso, ao estilo barroco, sobre a ayahuasca. A entrevista que realizei ocorreu em seu apartamento, quando ele já estava bastante debilitado. Nela, procurei esclarecer um pouco questões relacionadas com suas experiências e produções ayahuasqueiras.

Que dia é hoje, Néstor?

4 de agosto...

4 de agosto de 1992... Estamos com Néstor Perlongher em sua casa, em São Paulo. Bom, Néstor, por um lado você tem a experiência de receber hinos do Daime e, também, a de escrever poesia. Para você, é muito diferente receber um hino ou escrever poesia?

Olha, é relativamente diferente. Porque a poesia seria uma experiência pura da linguagem, enquanto no hino aparece a musicalidade. E aparece *em cima*: no caso da poesia moderna é uma coisa pouco frequentada. Então você tem uma diferença formal. O hino se integra, a partir de um conteúdo já dado, que é religioso, e então a ligação com uma espécie de tradição, se se puder usar essa palavra, com seu encaixe dentro de uma corrente de outros signos, fixa-se de imediato. Enquanto no trabalho poético, sempre, de alguma maneira, se tensiona a linguagem e se luta contra a linguagem convencional. Como que se dispara. O que eu quero dizer é que tende a ser disparatado, vem a ser extravagante.

A quebrar...

Quebrar o convencional. Enlouquecê-lo. Diante de um hino, você não tem essa preocupação. Exatamente o contrário. Se aparecem coisas que se encaixam nos pontos da doutrina do Daime,[2] ótimo. Melhor. Agora, no essencial, o movimento de inspiração poética e o movimento da *recepção* dos hinos são muito parecidos. Porque a inspiração poética é também um transe leve. Onde você não é você, não é você quem fala, é outra coisa. Os teóricos diriam que a linguagem fala por si só. São sofisticações teóricas... Mas outra coisa: aquele que conhece a experiência do transe sabe que é difícil explicá-la, não é? Então tanto uma como a outra não têm igual.

Outro vínculo importante está relacionado ao elemento estético, que no caso da poesia res-

---

[2] O Daime é uma religião eclética onde se misturam elementos de origem católica, espírita, indígena, africana, esotérica, principalmente. Mas está permanentemente em construção, comportando muitas novidades, contanto que não entrem em contradição com alguns princípios éticos básicos do cristianismo, como amar a Deus sobre todas as coisas e amar ao próximo como a si mesmo. Essa colocação em si poderia ser questionada, já que não há escrituras codificando a doutrina daimista. Seus seguidores consideram que se trata de "uma doutrina musical" no sentido de que ela se manifesta de maneira pessoal ao adepto quando este toma a bebida e canta os hinos. Na prática, há uma forte influência da ética bastante tradicionalista dos caboclos, moradores da região amazônica. (Nota de EMR)

plandece evidente. No caso do Daime, está, está presente embora não se destaque. Mas as pessoas comentam: "Que lindo esse hino"; há toda uma estética, não apenas no hino, mas na música, na dança, na roupa, como o altar está formado. Essa estética passa pela poética dos hinos, que é uma poética em movimento. Uma poética dançada é claramente uma poética.[3] Agora, isso se reveste de um elemento diferencial muito claro. Porque, ao não ser uma liturgia, a poesia, como obviamente o Daime... Lapassade diz isto: a poesia é uma das raríssimas formas ritualizadas do transe que sobrevive no Ocidente. E que implica uma liturgia. Agora, a questão é que essa liturgia celebra um vazio. Não sei se entende. Porque como tem um elemento meio sagrado — se se considerar que o transe é uma coisa sagrada —, ela está a serviço do vazio. Porque não está preenchida com uma ideia de divindade. Está como num jogo que, em última instância, vai ser o próprio transe. Dá para entender? Um jogo com a própria linguagem. Enquanto no hino religioso não, esse vazio é substituído por uma invocação à divindade. Agora, se é verdade que temos uma estética, claro, no caso dos hinos do Daime essa estética fica um pouco desbocada, devido à preeminência dos conteúdos doutrinários. Enquanto no trabalho

---

[3] Durante a maioria das cerimônias daimistas, denominadas "trabalhos", os participantes não só cantam como executam uma série de passos de dança em grupo. (Nota de EMR)

poético, não. É a pura estética. Agora, é preciso ter cuidado, porque estou falando a partir do que eu faço, que é um estilo — o barroco. Existem outras poéticas mais... como dizer?... triviais, ou que usam palavras mais do "dia a dia". É difícil falar disso, esse campo está cada vez mais diversificado. Estou falando demais...

Não, não. Talvez você esteja falando apenas em termos da experiência barroca da poesia. Que também tem a ver com um Daime extremamente barroco.

É verdade.

E a questão da rima, meio óbvia, nos hinos do Daime? Você acredita que isso empobrece? Como você vê essa questão?

Ah! Vou aproveitar que agora estou afastado do Daime para cometer uma heresia. Tudo isso reflete o nível das pessoas que estão ali. É uma coisa cultural, que transcende. Mas eu não consigo me despersonalizar tanto a ponto de me deixar confundir.

A gente se adapta a seus padrões estéticos...

Embora misturem. Misturem com outros padrões. Mas a maior parte dos hinos... é uma coisa muito brasileira. São como *anti*. São estéticos e são antiestéticos, de alguma forma. Tem um que diz "Aqui ninguém conversa": no meio de uma coisa religiosa, "Aqui ninguém conversa". E é estranho, porque mistura uma palavra de ordem imediata com alguma invocação.

Mas isso acontece bastante com os hinos. Às vezes os hinos são muito pessoais, em termos individuais. De repente fala uma primeira pessoa. Embora haja várias primeiras pessoas falando no Daime, acho. Às vezes é o Juramidam: "Vivo na floresta...".[4]

Sim, mas predominam as falas da conversa. Continuam.

Gostaria que você se referisse ao eu que fala no Daime.

É muito complicado. Porque o gosto que predomina, sendo um pouco grosseiro, é a frase feita. A frase feita no bom sentido, que vem de outro lugar. Então esse eu... Sempre esse eu, em qualquer poética, em literatura, é problemático. Porque os críticos literários dizem que esse eu é uma terceira pessoa disfarçada. Que é sempre uma

---

4 "No topo de um complexo, rico e proliferante Olimpo nativo — que se permite incluir, ao lado da Virgem Maria, Buda, Krishna e até Maomé —, se ergue o Mestre Juramidam, suprema divindade florestal." Néstor Perlongher em seu ensaio "La religión de la ayahuasca", incluído em *Prosa pebleya*, seleção e prólogo de Christian Ferrer e Osvaldo Baigorria (Buenos Aires: Colihue, 1996, pp. 155-73. Col. Puñaladas, ensaios de ponta) (N. O.)

terceira pessoa que fala. Porque esse eu pode ser Juramidam. Ou pode ser "eu". Pode ter elementos de uma subjetividade pessoal — logicamente os tem, porque os hinos são diferentes, como são diferentes as poéticas. Mas sempre, é como se viessem de mais atrás, as frases vêm de outro lado. Não é exatamente o que a pessoa acredita, é por isso que a pessoa "recebe". Por isso essa expressão: porque *recebe* os hinos de algum outro emissor. Não é *ela*, por mais que possa misturar — eu sempre misturo. O básico é a presença de uma voz divina ou sagrada. A poesia também é assim. Você diz que existe toda uma poesia confessional que confunde um pouco, mas se você perceber, são todos recursos, nenhum fala sozinho, são todos recursos que vêm de algum outro discurso, no caso da poesia.

Isso quanto a receber um hino. Você também escreveu hinos?

Deixei de escrever hinos, mas tenho meu hino íntimo.

E Águas aéreas, *você considera hino?*

Não.

Qual é a diferença?

A diferença é que o hino está a serviço da divindade, da exaltação divina ou sagrada ou de alguma entidade... No caso de *Águas aéreas*, de alguma maneira o tema é o Santo Daime, mas a finalidade não é religiosa, é estética. É um gozo com as palavras. Um gozo inclusive das partículas, que *são*. A finalidade é outra. O tema é o Daime, o religioso, mas não tem uma mensagem dizendo "Devemos nos converter".

Águas aéreas *não seria apropriado para ser lido durante o "trabalho"?*

Olha, tem algumas coisas que se aproximam bastante da oração, poucas. Mas o conjunto tem outra finalidade. Agora, pode ser usado para umas finalidades religiosas, depende: alguns textos... Acho que "Mãe da água" serviria porque tem como que uma invocação também. Esse poderia ser. Mas é uma coisa que sempre duvidei: sobre se havia um lugar para a poesia propriamente dita no Daime. Acho que é um problema cultural, não um problema teológico. Porque, por exemplo, um poema de San Juan de la Cruz soa assim, maravilhoso. E altamente religioso. E seria interessante incluir alguma coisa assim. O problema é que o Daime tem música, dança, não há muito lugar para a poesia.

Sobre a diferença cultural do Daime: é muito popular esta coisa cabocla, amazônica, e uma das primeiras coisas que se percebe são os milhares de erros de concordância, e coisas assim, que os hinos têm. Agora, para mim não são erros, são formas diversas de usar a língua, outros padrões etc. Da mesma forma, essas frases feitas, rimas bem clichês (Jesus/ luz/ na cruz) têm outro significado dentro desse grupo, se você quiser, e em primeiro lugar nem têm tanto conceito de originalidade. Por que não: luz/ de Jesus...? Rimam, porque alguma coisa Jesus e a luz têm a ver. Começa-se a ver outra forma de apreciar isso. Hoje em dia, para mim, como para outras pessoas culturalmente sofisticadas que estão no Daime, essa linguagem mais "pobre", mais "simples", é importante pela sua capacidade expressiva de pertencimento a um grupo de referência mais amplo. É como dizer "Eu sou do Daime". Esses signos pertencem ao corpo de hinos do Daime, onde a língua portuguesa é um pouco diferente e, além disso, estão sendo seguidos outros padrões estéticos.

É verdade. Há, no Daime, muito elemento de pertencimento a uma tribo. Por isso o Daime, como todo *revival* religioso, é uma reação — apesar de não apenas uma reação — , uma reação em grande medida contra um individualismo, que é moralizante, que separa as pessoas, e que é próprio do mundo contemporâneo.

Outra coisa interessante é que se transforma o português, como português *caboclo*, no hino oficial. Isso é genial. Porque o Daime tem uma relação de inversão em relação ao Ocidente. Por lógica, o Acre deve depender do Rio de Janeiro e de São Paulo com seu capitalismo e tudo isso: no Daime isso está invertido, é o Acre que governa. A cultura negra ou indígena, em vez de estar na defensiva, está na ofensiva, porque a ayahuasca, que é uma bebida indígena, penetra as cidades e as camadas médias urbanas. Então esse elemento é interessante. É muito engraçado ver os americanos tentando cantar em português — e em português *caboclo*, além disso —, ou os alemães, porque é uma inversão total das coordenadas de dominação. Mas eu não vejo tudo tão maravilhoso no Daime.

Por quê?

Às vezes vejo que, em que pese esse elemento poético, as pessoas que têm uma visão mais intelectual dizem: "Oh, o Daime...!". Parece que a experiência não se aproxima de um gozo, de um gozo poético, pelo contrário, passa a ser uma experiência quando muito exclusiva, excessivamente dogmática. Então tudo o que não é imediatamente doutrinário... Não sei, me dá essa impressão. Não abre para uma mística, pelo menos para uma mística literária.

Mas o hino requer a letra, a música e o bailado, e dizem: "Oh, o Daime...!".

Isso é importante. Você faz muito bem em lembrar disso. Porque todas essas canções têm outro funcionamento quando se está sob o efeito do Daime. Porque sem o Daime elas são um pouco bobas, sob o Daime funcionam de outra maneira e vão se descascando. Por isso tampouco se pode justificar o dito de que tendam a ser simples; não são tão simples. São simples na aparência, mas como misturam muitos elementos, às vezes dão uns saltos de uma coisa à outra. Não é uma coisa simples de entender.

O que você pensa sobre o fato de que os hinos recebidos estejam "já dados", que "não possam ser modificados"? Você acredita que a poesia também pode ser assim?

Isso é muito relativo. É assim como a inspiração vem dada, mas há uma intervenção da lucidez. Especialmente se você escreve. No caso da poesia, tem vezes que ela vem como dada, mas a censura intelectual funciona. No caso do Daime, acredito que também, porque há pessoas que fazem os hinos. Acontece que esse controle está mais relaxado, e isso é favorecido pelo fato de que tem a música, a rima e essa busca da simplicidade.

Os signos funcionam como um agregado de elementos. São elementos evocativos. Se você não capta a totalidade do hino desde seu início... Eu não sigo o desenvolvimento do hino, há frases que me chamam a atenção e por aí eu viajo, em cima dessas frases, por entre sentimentos que despertam, baseados numa série de associações e coisas assim. O hino cria climas, dá ritmo, tipos de sons e daí certas ideias, certas imagens, certos símbolos. Mas é você e sua cabeça que organiza essas coisas.

Que organiza de uma maneira muito... Como é que eu posso falar? Muito rigorosa. É um fluxo que a consciência não controla. Registra, mas não pode controlar. Como não pode controlar o corpo no momento das *mirações*.[5]

Não quero dizer "organiza" nesse sentido "organizativo", e sim que vai dar uma forma de algum tipo a isso...

Uma forma ao movimento do fluxo da consciência. Ou do inconsciente.

... nesse sentido que eu digo "organiza"...

Sim, sim, isso é verdade.

---

[5] Visões. (N. O.)

E essa forma-força mística dos hinos, que estrutura os hinos enquanto elementos de um encantamento mágico?

Isso funciona. Todas as invocações são como mantras. Ou têm o funcionamento de um mantra. Procuram chegar ao êxtase pela repetição e pelo uso de certas palavras. E acho que funciona muito bem: *ina-na-no-numm*. E esse transe poético, quando se dá na poesia, também funciona. O problema é que não é um tipo de variante que esteja muito na atualidade. O elemento da repetição funciona de maneira a ir produzindo como um presente; o elemento da invocação também funciona. Senão, você só tem "a poesia". Acho que nesse sentido volta-se a produzir uma aproximação. Embora seja uma aproximação que não está muito na consciência daqueles que escrevem poesia, nem nas pessoas que cantam os hinos.

Eu não sei o que isso quer dizer, mas sinto que os hinos às vezes guiam a viagem. E que é muito mais forte se eles te guiam. Seriam ligações diretas com o inconsciente, um caminho, uma coisa muito mais mágica...

"Guiam" é uma palavra muito moralizante; pelo contrário, acredito que inventam, formam a experiência das *mirações*. Nessa situação, fazem uma conexão direta com o inconsciente. Mas novamente, isso também é característica de certa poesia moderna. E da poesia em geral: te conecta com coisas que não são racionais. Embora aconteça, no caso da poesia, que não haja magia. Porque é profana.

Mas generalizando sobre os poetas, a poesia não estaria em poder da magia?

No seminário sobre "Poesia e êxtase", eu fiz umas leituras sobre poetas que vão em direção a isso, não é uma novidade. Mas se em princípio você pega uma amostra, vai ver que não é uma preocupação, não se dá muita bola para isso. É como o caso da psicanálise. A psicanálise funciona a partir do transe, tem a famosa transferência. Ainda que leve, é um transe. Mas a psicanálise não problematiza esse lado. Então, de repente te avalia a partir do transe, a gente fala em transe, mas não se fala mais da questão. Pode-se dizer que a poética trabalha em torno do êxtase, mas não necessariamente que o problematiza.

Agora, é preciso ter um pouco de cuidado, porque no mágico campeia a sombra, o mítico. Aí sim há uma diferença importante. Enquanto o poético é pré-mítico. Trabalha com partículas, não com fábulas. Trabalha com partículas de língua, de palavras, com sons, com associações de ideias, mas não com um mito enquanto mito consolidado, formado. Acho que no Daime funcionam signos; são basicamente formações poéticas que funcionam nas palavras e que fazem referência a estruturas míticas ou a formações míticas. Que, por outro lado, nunca são de todo esclarecidas, além disso. Então isso dá uma característica muito especial, que é uma aparente soltura. Dá a sensação de que você pode pensar qualquer coisa, sem manter uma relação de continuidade. Bom, tem a relação de continuidade que poderia ter um livro de poemas. Não vai desenvolvendo uma doutrina em sentido ortodoxo. Embora eu tenha minhas dúvidas, cada vez mais penso que realmente a força da doutrina do Daime é poderosa. É um elemento que tem que estar presente. Enquanto tribo religiosa, já aceita, tem um poder doutrinário, um poder de arregimentar muito forte.

Discuti isso com um amigo que ficou fascinado com os textos, porque pensou — como aparecem aí o Céu, a Lua, o Sol, a Natureza — que dava para fazer um panteísmo. E há um elemento panteísta no Daime, mas é um panteísmo com limites certos e severos. As pessoas demoram a ver isso. Não sei, é uma ideia que eu nunca falei, mas talvez seja esse o componente que chama a minha atenção: as pessoas que chegam, ficam por um tempo e depois dizem "Ai". Percebe-se um muro por trás da aparente multiplicidade de elementos. Não sei o que você vai pensar disso.

Na minha experiência, acho que fui me conformando cada vez mais aos padrões da doutrina, e ao mesmo tempo nunca ninguém me disse nada, sabe? Uma ou duas vezes, no máximo, alguém me disse: "Um daimista não deve fazer assim". Nunca ninguém fez comentários para mim sobre a minha moral sexual, por exemplo. Mas, apesar de ninguém ter me falado explicitamente, acho que deve haver um lugar em que isso está implícito. Porque aos poucos vou adotando certos padrões — conformando-me a eles — contra os quais seria preciso se rebelar.

Aparentemente, as pessoas não podem cruzar as pernas perto do Daime, e é isso. Há coisas normativas.[6]

Mas para mim o Daime é em termos de dança...

É que por aí passa a força. Exatamente por aí. Ou você tira os sapatos para dançar ou te expulsam. É o elemento da disciplina. Que é Onipresente.

---

[6] Há uma série de prescrições comportamentais para quem vai tomar o Daime. Deve-se evitar manter relações sexuais e ingerir bebidas alcoólicas três dias antes e três dias depois do "trabalho", e existem até normas de comportamento e de postura física no decorrer das sessões. Assim, durante as cerimônias todos os participantes devem evitar cruzar os braços, pernas ou dedos, pois isso supostamente "bloquearia o fluxo energético". (Nota de EMR)

Demos uma olhada na sua trajetória de daimista. Como é que você se vê nesse sentido?

Bom, me vejo cada vez mais distante. Por que o que é o Daime [a prática] sem daime [a bebida]? Não é Daime, não é nada. No início, fiquei fascinado. Eu já tinha algumas ideias sobre o êxtase, muita curiosidade de experimentar outras coisas. Mas era mais para procurar fontes — não sei se de inspiração: de *incitação* poética. Buscava alguma outra coisa que me perturbasse, que me produzisse um terremoto na cabeça. Mas sempre dentro do contexto de um desejo de escrever. Como a escritura vai se esgotando, então a gente precisa encontrar elementos que sejam disparadores, incitadores. Fiquei fascinado com a bebida, acreditando que a coisa era muito mais livre e aberta do que era — talvez até fosse verdade num primeiro momento. Agora, eu estava meio desestruturado nessa época e terminei, acabei de... aparentemente me reestruturei com o Daime. Mas não era verdade, tinha uma confusão... muito complicada. O ponto crítico foi um momento em que comecei a tomar decisões referentes ao cotidiano — o cotidiano mais cotidiano —, em estado de *mirações*, e que me provocou um curto-circuito. Aí, a reação foi de entregar mais — acho que exagerei, não consegui manter um pé em cada lugar. Especialmente quando fui para a França, me desterritorializei completamente. Acho que exagerei um pouco. Então, quando voltei a ter contato com o Daime, já estava mal de saúde e vi que não era exatamente aquilo que eu havia construído no meu imaginário. Tive um choque. E depois comecei a ter problemas com a bebida, por exemplo. Me ocasionava umas depressões brutais, lá na França, porque eu a tomava sozinho. Era muito sofrimento. Além disso, a doutrina estimula como que uma ética do sofrimento. Um elemento também violentamente antiocidental ou antimoderno, porque a cultura é hedonista. E eu, que já estava doente, deprimido, com a ética do sofrimento! Acho que era masoquismo. De toda maneira, fui obcecado e cheguei até o final, digamos, no sentido de continuar já estando doente. Me decepcionei muito, porque vi que se declamava esse projeto de amor, de solidariedade e de ajuda e de cura, mas que era muito retórico, não real. E que dependia mais das versões pessoais do que de uma atitude samaritana. Isso me produziu uma desilusão muito turbulenta e uma coisa de muito sofrimento. Acho que me deu um contrachoque. Embora num primeiro momento estivesse mais ligado, agora, paulatinamente, como não tomo daime, vou saindo.

Como é isso do Daime sem daime?

Não, Daime sem daime não funciona. A mesma coisa que ler hinos assim, sem música. Bom, pode ser, mas não é uma coisa que dê o transe nem que envolva, nem nada. É nada. Para ser do Daime você tem que tomar daime. Porque senão é como uma verdurazinha. Eu não consigo, talvez as pessoas mais religiosas consigam. Você tem que levar em conta que para mim essa brilhosidade foi uma novidade absoluta. Por mais esforços que eu tenha feito, nunca deixei de manter uma distância. Não é a mesma coisa que as pessoas que acreditam em Jesus Cristo: nunca foi! Sou uma pessoa complexa, não tem jeito, e então passava tudo por uns filtros pelos quais o resto das pessoas não passava, e me produzia umas confusões, me questionava todo — porque uma característica de ser intelectual é se questionar todo, todo, todo. As pessoas não, vivem numas contradições brutais e não se questionam. Isso teve a ver com a depressão.

O Daime, pelo menos na minha experiência, num momento me levou a umas profundezas turbulentas e difíceis. E a questão é conseguir transformar essa dor em ascensão e sair à luz. Agora, quando o corpo está debilitado, eu sinto isso, é muito difícil, a gente fica lá, no fundo. É uma coisa terrível. Espera-se que a gente saia à tona. A experiência não é muito compreendida quando continua "mal". Isso acontece no Brasil: quando alguém está deprimido, se afastam, o restante das pessoas lhe escapa. Fogem. Enquanto na Argentina não, a depressão está socialmente ritualizada. Então se conversa e se come. Mas aqui não, se você está deprimido, é muito raro que se fale disso. O tom ou o espírito que se espera é *Tudo bem*. No Daime há muito disso.

De quê?

De "tudo bem, tudo bem", "foi maravilhoso". Isso me incomodava. Muito.

Mas a experiência do Daime é difícil de descrever. Dizer que é maravilhoso é uma forma de não dizer nada, apenas de expressar boa vontade. Quanto ao Daime como uma introdução ou abertura ao sagrado, acho que é uma das dimensões mais importantes.

Para mim também.

Os daimistas podem dizer que o Daime é a chave da espiritualidade. O que você diz: é boa essa espiritualidade?

Bom, para mim deu uma dimensão nova. Mas sinto maldade também. Para mim é difícil manter a crença, acreditar. E aqui tem outro problema: há toda uma moda esotérica, que é muito oportunista, e o Daime, pelo menos nas cidades, entra muito dentro dessa corrente. Então chegou uma hora em que essas coisas começaram a me incomodar. Teve um episódio traumático no meio. Que foi uma vez que veio uma amiga da Argentina, que é astróloga, e começou a ler um mapa astral e começou a me dizer umas coisas terríveis. Acho que a partir daí, todas essas desconfianças em relação a coisas como a astrologia, flores curativas, tudo isso que é também uma espécie de religiosidade acessória, que está muito presente no Daime urbano, começou a me incomodar. Muito. Acho que me frustrei com o Daime e fiquei com aquelas que eram as minhas experiências. Fiquei muito despersonalizado e excessivamente autocrítico, autoexigente. Para me reestruturar, tive que voltar para aquilo que era como que o território forte. Acho também que essa viagem para a França foi muito destrutiva.

E Águas aéreas?

Águas aéreas é como que um saldo da minha experiência com o Daime. Porque justamente eu saí do Daime quando...

[Esta entrevista, realizada a pouco mais de um mês antes do falecimento de Néstor Perlongher, ainda permanecia sem transcrição. A cópia de sua gravação nos foi remetida de Salvador, Bahia, pelo próprio MacRae, graças à prévia mediação, igualmente epistolar, de Glauco Mattoso. A conversa, produzida em estrito português por MacRae e em não menos estrito portunhol por Perlongher, foi levemente editada: algumas passagens mínimas de ambos os interlocutores, por deficiência do registro sonoro ou devido a repetições ou vacilações próprias da oralidade, foram apenas retocadas, embora a entrevista não tenha sido modificada em sua estrutura. Adotamos, dentro do possível, o critério testemunhal para a transcrição. O título foi acrescentado posteriormente para esta edição. O final abrupto se deve ao término da gravação, que originalmente ocupava ambos os lados de um cassete de sessenta minutos. Consideramos pertinente transcrever, a título de introdução à entrevista, o fragmento principal da carta que MacRae enviou junto com este valioso documento, com data de 11/04/2003. As notas de esclarecimento de certos detalhes contextuais sobre o Daime foram acrescentadas posteriormente à transcrição da entrevista pelo próprio entrevistador. O poema "Mãe da água", n. XXXII do livro *Águas aéreas*, é dedicado justamente a Edward MacRae.]

ANEXOS

NEOBARROSO: IN MEMORIAM[7]

Haroldo de Campos

"hay
cadáveres" — canta néstor
perlongher e está
morrendo e canta
"hay..." seu canto de
pérolas-berruecas alambres bo-
quitas repintadas restos de unhas
lúnulas — canta — ostras desventradas um
olor de magnólias e esta espira
amarelo-marijuana novelando pensões
baratas e transas de michê (está
morrendo e canta) "hay..."
(madres-de-mayo heroínas-car-
pideiras vazadas em prata negra
lutoso argento rioplatense plangem)
"... cadáveres" e está
morrendo e canta
néstor agora em go-
zoso portunhol neste bar paulistano
que desafoga a noite-lombo-de-fera
úmido-espessa de um calor serôdio e onde (o sacro daime é uma — já então — un-
ção quase extrema) canta
seu ramerrão (amaríssimo) portenho: "hay
   (e está morrendo) cadáveres"

---

[7] Escrito provavelmente em 1991 e publicado em 27 de outubro de 1993.

SONETO 434
A NÉSTOR PERLONGHER

Glauco Mattoso

Na frente esteve e está, depois ou antes.
Poeta já portento de portenho,
em Néstor o barroco ganha engenho
e os verbos reverberam mais brilhantes.

Da Frente mítico entre os militantes,
aqui tem maior campo seu empenho.
Da causa negra um dado a depor tenho:
tratou mais que os tratados dos tratantes.

Aos putos imputou novo valor.
Da língua tinha humor sempre na ponta.
Das classes, luta e amor, é professor.

Mediu o que a estatística não conta.
Territorializou do corpo a cor.
Deu tom de santa a tanta tinta tonta![1]

[Noite de insônia de 6 para 7 de abril de 2001, dois dias após o lançamento, em São Paulo, do livro *Evita vive e outras prosas* de Néstor Perlongher, organizado por Adrián Cangi e publicado por esta editora.]

---

[1] Este verso comporta duas (ou mais) leituras: refere-se ao culto ao Santo Daime, com seu "chá" alucinógeno, ou ao *Manual do podólatra amador*, cujo posfácio de Perlongher consagra o autor como Sartre "santificou" Genet.

FORÇAS XAMÂNICAS

Adrián Cangi

Só no coração terrestre da alma das coisas, nos corpos e entre as forças dos elementos é onde se produz a transformação "*do corpo no corpo*" pelas forças do "*cipó divinal*". Nada há nesse instante mais "*sacrossanto*" que a transformação material. É diferente essa maneira de captar a luz pelo "*cipó divinal*" entre a água e o ar — metade flor, metade força", que a do "*animal carbúnculo*" — metade cabra, metade lanterna — que Lezama Lima considera como o grande dispositivo engendrador da poética de Góngora. Enquanto Néstor Perlongher flutua na tela líquida de "La flor de las aguas", Góngora vê através da luz escura de ofuscada luminosidade. A substância embriagadora da "flor das águas" ou do "cabelo de Deus" é mediúnica e introduz no transe.

ÊXTASE

O conhecimento e o êxtase jamais foram distritos blindados entre si. Para "ir até o fundo" numa visão unitária não é possível prescindir do arroubo. Com Reynaldo Jiménez, publicamos — na seção de entrevistas completas em *Papeles insumisos* (2004) — a primeira tradução para o espanhol da última entrevista inédita de Néstor Perlongher sobre o êxtase e a poesia, realizada e enviada de Salvador (Bahia) em 11 de abril de 2003 por Edward MacRae. O entrevistador é um amigo de andanças sexuais e é quem o introduz na floresta amazônica, onde o poeta "recebeu" vários "hinos". Os traços dessa experiência contrastam o conjunto de poemas *Águas aéreas* (1991) com o poema inconcluso descoberto na incursão que realizamos em seus arquivos, *Auto sacramental do Santo Daime* (2001). Nessa última entrevista, o poeta tenta deslindar os modos do transe entre a magia profana da poesia e a descida vertical sobre os corpos dos cantos míticos, disciplinares e onipresentes do Santo Daime. Último esforço de trincheira tanto para precisar quanto para deslindar o acesso às visões poéticas e aos modos doutrinários normativos da liturgia.

O poeta sempre reconhece que a poesia não é uma liturgia, embora, sim, uma raríssima forma ritual. Nunca nega a presença de uma voz divina ou sagrada que, em ambos os casos, excede ao "eu". Intitulamos a entrevista "Receber os hinos, mas celebrar o vazio". A questão última de Perlongher é a experimentação "incitadora" do *yagé* e a recepção dos hinos com fins tanto poéticos como curativos. Nos últimos anos de experimentação do "mal de si" — como chamou o HIV em seu fluxo sanguíneo —, insistiu de modo incessante nos umbrais de uma antropologia do êxtase. Entre "Poesía y éxtasis" (*La Letra A*, n. 3, 1991) e "La religión de la ayahuasca" (*El Porteño*, n. 116, 1991, publicada sob o título "Éxtasis sin silicio") —, Perlongher intuiu que a força poética é uma forma do êxtase que conserva no "sair de si" uma relação com o divino. Esses textos compilados em *Prosa plebeya: Ensayos 1980-1992* (1997), com seleção e prólogo de Christian Ferrer e Osvaldo Baigorria, se complementam com a última entrevista citada e com o seminário sobre "As formas do êxtase".

POÉTICA

A "extática" sempre se opôs à "retórica" como os magos se opuseram à verborreia urbana de uma prática civil e política. As forças do cosmos xamânico, aberto aos rituais coletivos como vibração com o cosmos, foram derretidas na embriaguez privada dos santões de clausura e depois nas pobres mercadorias de pouca monta de mercados mercenários para consumidores solitários e escapistas. Onde ficou o "*soma de luz*" ou o "*o mel da grande cura*"? No final do *Auto sacramental do Santo Daime* o poeta faz "Os Índios" tomarem a palavra entre os elementos e suas forças:

> *Para espantar*
> *os europeus*
> *para afugentar*
> *os ignóbeis,*
> *para assustar*
> *os aventureiros,*
> *e para castigar*
> *com uma reprimenda da mente*
> *as crianças rebeldes ou os jovens*
> *que acham que podem transgredir a ordem*
> *imutável que o yagé nos dá e revela.*
> *Somos nós que te descobrimos, santa*
> *substância vegetal.*
> *Experimentando os oferecidos como maná*
> *poderes da selva.*
> *Misturando, mastigando.*
> *Adivinhando, divina-mente*
> *intuindo, e explorando.*
> *Balançando, cozinhando, macerando.*
> *Dando ao que nos é dado*

divina volta,
pelo lado dos deuses;
eles são elementos naturais:
tem o Deus das Sementes (Huichilobo)
e o Deus da Floresta, claro menino Dionísio
a Mãe das Águas e a Deusa do Vento.

A invocação aos eternos poderes impessoais das forças da selva coloca em seu lugar tanto as pretensões da moderna colonização como os chamados rebeldes que jogam na superfície do sentido. Esse é o modo de pensar que o poeta encontra para aproximar o arcaico do moderno, evocando simultaneamente a cara impessoal das forças e a atualização corpórea sob os efeitos do Deus das Sementes, do Deus da Floresta, da Mãe das Águas e da Deusa do Vento.

O grande teatro alquímico da floresta abre curso aos processos do sonho — recuperados através do transe do vegetal por Perlongher — para sair fora de qualquer forma da religião da conquista. O veículo do Auto Sacramental permite fazer uso do teatro sagrado para convocar o juízo experimental e a metamorfose plurimodal dos corpos. A marca feminina que Perlongher recupera de Juana Inés de la Cruz indaga na antropofagia ritual e simbólica com a força de uma promessa plurimodal na relação dos corpos. O sentido dos Autos Sacramentais, que são representados durante o Corpus Christi, sempre acentua na festa celebratória um assunto pagão e um argumento dos elementos cósmicos. Perlongher parte dali, não se trata do mistério da Eucaristia e sim do teatro alquímico do vegetal. Como interpretação histórica para a memória americana, Perlongher evoca as forças dos elementos dos rituais indígenas da América como cifra e prefiguração da Natureza. No *Auto Sacramental*, o personagem "A Luz" pergunta: "*De onde vem tua força?*", e "A Força" replica: "*E de onde tua luz?*". O vegetal se revela como "A Ayahuasca" e diz:

> *Ó Força, ó Luz, ó mães*
> *de minha aquática cascata como um peltre*
> *da cristaleria que se racha e*
> *irrompe no jardim desgrenhado uma*
> *vibração descomunal*
> *que outorga àquele que aproveitá-la sabe*
> *a força e os poderes da luz.*
> *Encontro não de águas, mas de plantas*
> *(sequer plantas aquáticas: aéreas)*
> *minha origem me determina, me dá à luz.*
> *Masculino o jagube, entrelaçando-se*
> *nos cumes*
> *mais ariscos do bosque,*
> *enrolando no torso dos troncos,*

*divisa uma feminina arbusta, a simples
vista insignificante,
mas que traz a mistura e a coesão
a tudo e de tudo significa:
feminina* chacrona, *ó divina* rainha,
*a qual só as mulheres tocam
e limpam e capinam
com suas desnudas pontas dos dedos
impregnadas de cantos no canto.
Os homens, entretanto, me procuram
na selva; ou, melhor, procuram
o cipó divinal:
ele não é fácil de arrancar, se aferra
com toda (que muita) sua força
ao coração terrestre da alma das coisas
e só permite que a levem se uma música
impregnar com delicados tons de agreste calda
a fantasmagoria da selva:
um canto de esforçados camponeses,
pastores da silva.*
[...]
*Uma vez retirada, em colchões de flores, da selva,
a tenaz trepadeira a um
palácio é levada:
palácio porque tudo o que o cipó toca
de uma descomunal festividade ornamenta
e transluz
no úmido olhar de rurais atletas
a emoção do momento sacrossanto.*

RÉQUIEM
Haroldo de Campos

néstor perlongher par
droit de conquête cidadão
honorário desta (por
tanta gente) desamada mal-
-amada enxovalhada grafitatuada ne-
-crosada cida (malamaríssima) de
de são paulo de pira-
-tininga – aliás paulicéia des-
-vairada de mário (sorridente-de-
-óculos-e-dentes mas homo-
-recluso em seu ambíguo sexo re-
-calcado – seqüestrado-&-ci-
-liciante) de andrade (cantor
humor dor – das latrinas
subúrricas do anhan-
-gabaú) ou ainda paraíso endiabrado do
abaeté caraíba taumaturgo (o pés-
-velozes) anchieta canário te-
nerifenho de severa roupeta entre cem
mil virgens-cunhãs bronzi-(louvando a virgo em latim)
-nuas aliás o
fundador

néstor
portenhopaulistanotietêpi-
-nheirosplatinoargentino-
-barroso deleitando-se

amantíssimo
neste deleitoso boosco bor-
-roso de delitos (detritos):
livre libérrimo libertinário enfim –
farejadopenetrado pelo olho
azul do tigre eroto-
-fágico do delírio perlongado pelo passo de
dança dionisíaco da panteravulvonegro-
-dentada – vagina voratrix cannibalis – trans-
-sexuada trans-(espermando goles
de cerveja cor-urina)-vestida
de mariposa gay –

néstor
que nunca de nemnúncares
conseguiu arredondar no palato um es-
-correito português normativo-purista-
-puritano mas
que a amava (a são paulo) que a man-
-ducava (a são paulo) que a titilava
(a são paulo) com seu mesclo portu-
-nhol milongueiro de língua e céu-da-
-boca
que a lambia cariciosamente até as mais
internas entranhas (a esta santipau-
-lista megalópolis bestafera) com esse
seu (dele néstor) cunilingüíneopor-
-tunhol lubrificante até levá-la (a paulistérica) a um
paro(sísmico)xismo de orgasmo transtelar –

néstor – um
"cómico (um outro néstor poderia – sánchez – tê-lo

dito) – de la lengua" – antes tragi-
-cômico (digo eu) da – néstor – légua
que se queria negro nigrificado nigérrimo
negríssimo – "pretidão de amor" (camões) –
desde a sua (dele) exilada margem
de sua trans(a)gressiva marginália extrema
à contrafé à contramá-fé (fezes!) do imundo
mundo do poder branco (ocíduo) branco-
-cêntrico

né stor
em câmara escura
em camerino oscuro posto
neste seu (dele) lugar ab-
-soluto absolu lieu de onde
– crisóstomo da língua bocad'-
-ouro ânusáureo –
proferia as mais nefandas
inefáveis inenarráveis
– horresco referens! –
palavras de desordem como se um
caduceu amotinado estivesse regendo um
bando ululante de mênades
carnívoras –

néstor violadord'amor
puntilhoso da madre-
-língua hispano-
-porto-ibericaña (agora jo-
-casta incestuada por um
filial trobar-clus de menestrel portunhol
que um súbito coup-de-foûtre ensandecera

ejaculando a madrelíngua – em transe dâimio-es-
-tático de amor-descortês) –

néstor
estuprador da noivamãe desnudada por seus
(dela) célibes às
barbas enciumadas
cioso-zeladoras do padre
ibérico do pai-de-família do padr-
-asto putat-
-ivo assim ur-
-ranizado mas
a ponto de – o tesão de laio por
édipo (este o desenigma da esfíngica
origem/vertigem) esporrar o aphrós
espúmeo-espérmeo de sua (dele pai) grande
glande de-
-capitada (a patrofálica teo-
-dicéia a por-
néia) de onde vênus-afrodite exsurge
botticéllica num décor róseo-concha ca-
-beleira escarlate derramando-se espádua-
-abaixo mão (im) pu-
-dica escondendo do olho cúpido
dos tritões em sobressalto a
xoxota depilada um risco de ter
– esporra o aphrós! – -cio-
-pelo ruivo no
marfim do púbis): miss
kípris ginetera – ela ou ele?
– túmidos seios siliconados
olhar citrino

mudando de sexo como um como uma
camaleão camaleoa no calor-d'amor

néstor está
indo agora
se vai
procedente de avellaneda 1949
lúmpen azul (êxul) nomadejante
neste ano da (des) graça de 1992 vai-se
seguido por uns poucos amigos
e por um casmurro bando de
farricocos-monossábios canturreantes
que engrolam uma nênia
glossolálica em dialeto de anjos (maus)

vai
está indo agora
néstor
não para a consolação mármoro-esplêndida
não para o decoroso recoletos
mas para este modesto campo-santo
de "vila alpina" para onde o derrisório
cortejo brancaleônico o acompanha –

vai
faz-que-vai
vai indo
enquanto uma chuvinha fina
– a (minha) garoa (garúa) paulistana dos
(meus) adolescentes anos quarentas
há muito sugada pela ventosa
urbanotempoluta desta minha (e dele)

des-tres-a-loucada vária pau-
-licéia nonsênsica e variopinta – tam-
-bém túrbida tigresa panespérmica – sob
essa llovizna-chuvisco chuverando que
vai atrás dele carpiadoidada
no seu macári'alv(ar)azevedo-castr'alvino
hibernal friul –
reencarnada agora das arcadas franciscanas
para vir atrás dele de

braços dados com madame lamorte
para chorá-lo para verminocomê-lo
para devorá-lo
sacrovorá-lo
ao néstor
tragicômico da guignolportunhólica linguaragem
bardo barrogozoso
cidadão
(horroris causa)
desta chuverante paùlgotejante
paulicéia dos siamesmos
oswaldmário cainabélicos
nossos (também dele néstor
girôndicolivériolezâmioliminário)
desirmanos germinais

         4-4-2001
   são paulo de piratininga pindorama terra
        papagalorum brasil

AGRADECIMENTOS

Esta edição só foi possível graças a Christian Ferrer, que recuperou o manuscrito, ao Colegio Argentino de Filosofía (CAF), na pessoa de Tomás Abraham que cedeu a gravação. Foi ali que Perlongher realizou sua última conferência, em 1991, sendo publicada originalmente como Antropología del éxtasis *pela Urania Ediciones, de Raoul Veroni, em 2020, com apresentação de Osvaldo Baigorria.*

Agradecemos a Roberto Echavarren, na qualidade de representante legal da obra do autor, e a Edward MacRae, que autorizaram a publicação da derradeira entrevista concedida por Néstor Perlongher, em 1991. A Ivan Campos, que permitiu a inclusão dos poemas de seu pai Haroldo de Campos. A Adrian Cangi, pelo texto esclarecedor, incluído neste volume. Ao Instituto Cervantes de São Paulo, na figura de seu diretor Juan Manuel Casado, que nos abriu as portas para a realização dessa homenagem. A Jorge Schwartz e Ana Cecilia Olmos, parceiros, sem os quais esta jornada não teria sido possível.